가을이 부탁하는 「말」

창조문예
시 선
0 1 8

윤주영 시집

가을이 부탁하는 「말」

창조문예사

시인의 말

한여름 짙은 열기가 머문 자리,
정릉천에는 이제 서늘한 바람이 불어옵니다.

부끄럽지만 소중하게 엮어낸 이 시를
조심스런 마음으로 내어놓습니다.

글을 쓸 수 있도록 지켜주신 주님께 감사드리며
팔순을 맞는 아내와 협력을 아끼지 않은 가족들과
늘 읽어 주신 주변 친지들께 감사를 드립니다.

2025. 9. 22.
윤주영

축하의 말씀

존경하는 윤주영 시인의
네 번째 시집 출판을 축하하며

　윤주영 시인께서는 우리 교회 은퇴장로님으로 한평생 진실하고 성실하게 살아오셨고, 따뜻하고 온유한 마음으로 주변 사람들에게 사랑의 빛을 나누어 오셨습니다. 이제 활자로 인쇄되기를 기다리는 네 번째 시집을 마주하며, 그동안 시인의 삶 속에서 생성된 정신과 신앙과 마음이 시 속에 그대로 스며 있음을 느끼게 됩니다.

　구약성경 시편 92편에 나이 듦의 가치를 알려 주는 말씀이 있습니다. "그는 늙어도 여전히 결실하며 진액이 가득하고 빛이 청청하여 여호와의 정직하심과 나의 바위 되심을 선포하리로다"(시편 92:14–15). 윤주영 시인은 삶의 세월만큼 신앙의 깊이를 더하며 시와 문학의 열매를 풍성히 맺어 오셨습니다. 이번 시집은 특히 시인의 삶에서 우러나온 기도와 찬양, 가족을 향한 진솔한 마음과 따뜻한 관조가 가득합니다. 일기처럼 솔직한 고백, 상투적이지 않은 시어, 세밀화처럼 생생한 묘사는 읽는 이의 마음을 단번에 사로잡습니다.

시인의 시선에 의해 일상에서 흔히 만나는 것들이 비범한 존재로 해석됩니다. 갯벌, 새해맞이, 부활절 새벽, 여름, 가을, 겨울, 봄, 정릉, 햇볕 쏟아지는 들판… 그리고 그 모든 사물을 아름답게 빚으신 하나님의 손길을 노래합니다. 그렇기에, 그의 시에는 하나님의 지문이 있고, 예수의 발자국이 남아 있습니다.

윤주영 시인의 따뜻한 시선을 따라가면, 하나님의 위로와 사랑을 경험하게 될 것입니다. 마치 깊은 우물에서 맑은 물을 길어 올리듯, 시인의 시는 독자의 영혼을 적시고 마음의 갈증을 채워 줍니다. 시인의 네 번째 시집 출간을 진심으로 축하드리며, 이 시집이 많은 사람들에게 위로와 기쁨, 감사와 지혜를 깨우치는 귀한 도구가 되기를 빕니다.

2025. 9. 30.
대한예수교장로회 응암교회 위임목사
강석제

차례

시인의 말   4
축하의 말씀   5

1부_ 새해가 함께 가자 하네

사월 보내기   15
날개가 없어도   16
「잘」이라는 말   18
그 길   19
새해가 함께 가자 하네   20
하늘 속 홍시   21
이삭줍기   22
청와대 사랑채에서   23

2부_ 가을날의 기도

가을날의 기도   27
부활절 새벽   28
성금요일   30
정릉 교통광장에서   32
부활절 팡파르   33
수난일受難日과 시인   34

줄	36
가을이 부탁하는 「말」	38
갈보리 언덕 위	40
민들레 꽃씨	42
할렐루야 응암교회	43
헌 옷	44

3부_ 씽긋

산수傘壽를 맞는 아내에게	47
씽긋	48
어버이날	50
오늘	52
망덕고개	53
인추골[日出谷] 이야기	54
추석 전야	56

4부_ 부서지는 것과 부서지지 않는 것

설날, 천변川邊에서	59
꽃샘추위 센 바람	60
봄볕에 이끌리어	61
꽃비 내린 뒤	62
오월 첫날	64
봄은 사실이었어	66
봄비 오는 날	67
초여름 날의 정원	68
오월 어느 날	70
아침 산책길	71
부서지는 것과 부서지지 않는 것	72
백로白露가 내린 날	73
가을 하늘	74
구월은	75
십이월	76

5부_ 화선지에 물 번지듯

사랑이 뜨거우면	79
시집詩集을 보내고	80
화선지에 물 번지듯	82
천변풍경川邊風景	84
탄소 금식과 사순절	86
슬픈 봄, 먼지 비여	88
비가 그립다	89
우리의 에덴은	90

불볕더위	91
불볕 속에서	92
어느 모임의 후기	93
모퉁이에서	94
비 오는 날 커피	96
성북동 그 정원	98

6부_ 햇볕 쏟아지는 벌판으로

뜬눈	101
또 다른 댓글에게	102
여름 나기	104
외딴섬	106
여름날 동화童話	108
비 개인 어느 날	110
햇볕 쏟아지는 벌판으로	112

편집후기・나와 나의 문학	113

1부

새해가 함께 가자 하네

사월 보내기 • 날개가 없어도 • 「잘」이라는 말
그 길 • 새해가 함께 가자 하네 • 하늘 속 홍시
이삭줍기 • 청와대 사랑채에서

사월 보내기

기다리는 봄이라지만
빨리 지나갔으면 좋을 봄

칡뿌리와 송기松肌로는
주린 배를 채울 수가 없어
쓰러진 이웃집 어린아이 뒷산에 묻히던
하늘만 노랗던 봄날이었다

그래서 봄은 염치가 없나 보다
화창한 봄꽃을 안고 오기가 무색해
보릿고개를 넘긴 여름으로
성큼 다가오고 싶었던가 보다

그래도, 그 봄날의
정의로운 분노는 뜨거운 피였다

아름다운 피를 꽃잎처럼 날리며 떠난
젊은이들의 어느 날처럼
더 붙잡고 위로해 보내고 싶은 달

날개가 없어도

넓은 갯벌
맘대로 뛰놀 수 있는 곳은
바닷가 갯벌밖에 없는 줄 알았다

그러나
소금기 섞인 짠 바람이 불어오면
바람 타고 오는 바닷새들의 지저귐과
빛나는 날개가 부러워
저녁노을이 익을 때까지 나는 연습을 해도
짧은 지느러미로는 날 수가 없었다

언젠가, 어선 위에 뛰어올랐다가
몇 날 며칠을 그 넓은 바다를 구경했다
끝없이 넓은 바다
저녁노을이 곱게 물드는 바다 저 끝
수평선 위 환상의 세계
갯벌에서 볼 때보다
더 많은 하늘 속 별들의 이름 중에
망둥어의 이름이라도 써넣어 볼 수 있을까

등대 불빛을 보고 찾아오는 뱃전에서
갯벌이 세상에서 제일 좋은 줄 알고 살아온
멍청이였다

갯벌을 떠나 하늘로 나는 새가 되어 보겠다고
혀를 깨물고 굳은 결심을 했으나
망둥어는 혀가 없다는 줄을 그제서야 알았다

망둥어의 꿈은
바위에 깨어지는 바닷물처럼 흩어져도
언젠가는 이루어지리라는 꿈은
혓바닥이 없어도 지금껏 배탈 한 번 없이 살아왔듯이
지느러미로도 저 바다를
날 수 있는 날이 올 것이라며

아니면,
또다시 지나는 고깃배에라도 올라탈 수 있을지
갯벌 바닥을 뛰고 또 뛰는 것이다

「잘」이라는 말

「잘」이라는 글자 속에
엄마의 기도도 들어 있고,
아가의 포대기 속처럼 편안함
오뉴월 계곡에서 스쳐오는 산바람

앞서거니 뒤서거니 따지며 다투지 않고
예쁜 꽃잎 미소 같기도 하고
이제 처음 뗀 아가의 걸음마가
엄마의 가슴에 안길 때 같기도 하고

위기危機에 나설 줄도 알고
적기適期에 죽을 줄도 아는 지혜로움

호수 위에 떠다니는 나뭇잎처럼
머릿속에 떠도는 말
시궁창 앞에 붙이는 허튼 말 되지 않고
슬기롭게 살아가라는
「잘」이란 말

그 길

비가 와도 가야 할 길이다
가야 한다는 것은
나의 양심이고 나의 믿음이다

많은 사람들처럼
긴가민가하는 사람들은
기다리라고 말을 한다

만져봐야 알고
보지 않고는 모르는 사람들 사이에
홍해를 건너 본 사람처럼 말한들
무슨 소용이 있을까

태어나면 자라고
자라면 늙는다는 사실은
다 아는 사실이다

새해가 함께 가자 하네

새해가
올해에도 함께 가자 찾아왔네

지난해에도 그대 아니었으면
예까지 왔을까

꽃길로
이슬비 내리는 길로
바람 부는 날엔 꽃씨를 날리며
그대에게 이끌리어 올 때에는
힘들지 않았어

난 오늘도
새 달력을 걸고
그대의 손을 잡고 걸으려 하네

믿고 따르면
가지 못할 길은 없어

하늘 속 홍시

하늘 깊은 속
햇볕에 빛나고 있는 홍보석들

돌팔매에도
이 세상 사는 동안 고마웠다며
인사를 합니다

때로는 비바람을 이기는
고역도 있고 슬픔도 있었지만
위로도 있고 평화도 있는 푸른 하늘을
바라보며 살았습니다

세상도 이젠
하늘을 바라보고 사는 사람이 많아서
흙탕물은 맑아지고는 있어
아직은 살 만하다고
잘 있으라며
가을볕에 빨간 진주처럼 빤작이며
손을 흔들고 있습니다

이삭줍기

천정이 뚫어지도록
허기를 참아 본 적 있는가

쌀래끼 한 알 때문에
이혼할 뻔한 친구의 이야기가
허풍虛風이라 생각되는가

요즘은 걸인도 밥을 구걸하지 않는다

잘 익은 가을 벌판은
볏나락이 튼실해 보이는 것이 아니라
눈에 보이는 욕구의 만족일 것이다

논바닥에 떨어진 이삭을 줍던
어머니 아버지가 불쌍해진다

'이삭줍기'*가 명화가 되었으니 다행이지

* 장프랑수와 밀레, 〈이삭 줍는 여인들〉(1857)

청와대 사랑채에서

북악산 아래
청와대 사랑채 뜰
장미가 한창이고 갈대도 한창이고
하늘도 맑네

봉황 조각상 앞에
여기저기 모여 앉은 다정한 가족들
사랑을 다지고 있을까
하늘에 조각구름도
가족들의 머리 위를 빙빙 돌며
함께한 사랑을 격려해 주고 있네

가족이 서로 사랑해야
나라도 태평하다고
깊은 진리를 청와대 뜰에서
새로이 새기고 가네

2부
가을날의 기도

가을날의 기도 · 부활절 새벽 · 성금요일
정릉 교통광장에서 · 부활절 팡파르 · 수난일受難日과 시인
줄 · 가을이 부탁하는 「말」 · 갈보리 언덕 위
민들레 꽃씨 · 할렐루야 응암교회 · 헌 옷

가을날의 기도

가을바람이
나뭇잎 헤치고 오는 소리도 곱다

극성스럽던 무더위는
지난 비에 씻겨 가고
담장 밑에 가을꽃 몇 송이
해맑게 웃고 있다

가을바람에
곡식들도 살이 오르고
햇대추도 곱게 물들었다
사랑하는 나의 고운 새여!

이 가을, 나는
부상을 입은 당신의 가냘픈 다리가
새 바람에 새 힘을 입고
걷고 뛰고 훨훨 날기를
기도한다

부활절 새벽

그분은
갈릴리 바닷가에만 나타나신 것이 아니었고
엠마오로 가는 제자들과 함께
길을 가신 것만도 아닙니다

어느 날, 매바위골
우리 집에도 찾아오셔서
환한 웃음을 지으시며
어린 아기들의 손과
우리 내외의 손을 꼭 잡아주시며
"내 진작 너희들을 사랑했노라" 하시던 그분

난 그때
아침 이슬 반짝이는 꽃들과
새들이 노래하는 아늑한 우리 집이
그분의 사랑이었음을 알았습니다

때로는 불안과 혼돈을 정리해 주시고
역경의 도랑을 건네주시며

정의와 진리와 사랑을 알도록
이끌어 주신 그분, 예수

오늘도
이른 아침 피어오른
하얀 목련처럼 찾아오셔서
이웃을 위해서도 기도하라 하십니다

성금요일

아-!
내가 죄인인가 봅니다

뼈를 뚫는 망치 소리가
갈보리 언덕에서 울려올 때
내 죄 때문이라고는
생각하지 않았습니다

오늘 다시 알았습니다

갈보리 언덕길
무거운 나무 십자가를 지시고
채찍을 맞으며 맨발로 올라가시던 주님
"엘리 엘리 라마 사박다니" 외치실 때,
"이 아들을 아버지의 손에 의탁하나이다" 하실 때

아-!
당신은 어찌 남의 죄를 위하여
자기의 손과 발에 못을 박힐 수 있나요

성소의 휘장이 찢기고
쏟아지는 비에 선혈이 흘러내릴 때
적막을 뚫고 들려오는
여인들의 흐느끼는 소리

아-! 그제서야,
내가 죄인임을 알았습니다
내 죄는 내가 지고 가야 한다며
선뜻 나서야 했습니다

주님!
이 죄인을 용서하여 주시옵소서

정릉 교통광장에서

오월이 한참 익어가던
어느 주일 오후
나른히 내리던 햇살에 하늘 더 맑다

정릉 교통광장
어느 교회의 관현악 노방전도가
한참 익어가자
잠시, 발길을 멈췄던 이들은
감사로 흐르는 눈물을 아멘으로 씻고
바쁜 길이라며 핑계 대던 이들도
그 앞에서 가던 발을 멈추고
나누어 준 생수로
맘속 응어리들을 씻어내고 있다

따스한 오후 한나절
주님의 구속 은혜가
교회 안에서만 있지 않고
광장 바닥에도 가득하다

부활절 팡파르

부활절 이른 새벽
순백의 목련이 찬연燦然히 피었습니다

무덤 속 죽음을 이기신 주님의
승리의 팡파르입니다
새벽 공기도 신선하고
새소리도 맑은
막혔던 세상이 뻥 뚫린
부활절 새벽
어리던 시절 들리던 교회의 새벽 종소리처럼
주님의 팡파르도
세상 모두에게 울려 퍼집니다

주님의 손과 발, 못 박은 자리에
우리의 마음속
믿음의 뿌리가 깊이 내리고
흘러내린 붉은 피는
세상을 이긴 많은 사람들에게
사랑의 꽃으로 피어납니다

수난일受難日과 시인

세상 시詩에는
오만가지 미세한 감정까지도
다 담을 수가 있다

모난 자갈길을, 맨발로
채찍을 맞으면서 어떻게 올라갈 수 있었을까
손과 발
못과 망치로 뼈를 뚫는 금속성과
자지러지는 아픔
"엘리 엘리 라마 사박다니"
고막을 찢던 절규까지도
시편에 담을 수가 있다

그러나, 마지막
"다 이루었다" 한마디
아버지의 가슴을 에이는 거룩한 순종과
장막을 찢고 소나기가 핏물로 씻어 내리는
아버지의 비통 속 사랑

주님 나라의 비밀을 어찌 알고
감히 인간의 시편詩篇에 담을 수 있단 말인가

줄

바람에 찢어진
처참한 거미줄도 있지만
보이는 듯 안 보이는 듯
세상에는 줄이 있다

전깃줄, 전화 줄, 젖줄, 밥줄
모두 다 눈에 보이는 줄이지만
사랑의 줄, 생명의 줄, 기도의 줄처럼
보이지 않는 줄도 있다
잡지 않으면 살 수가 없는 줄이다

새끼 거미 한 마리가
낡은 줄을 타고 집을 찾아 올라가는 처마 밑
미아가 되지 않고 돌아온
어린 거미를 위해 잔치를 베푸는
그곳이 그들의 안식처이다

우리의 안식처의 줄은 보이지 않는다
그러나

생수로 목을 축이고
하늘 위 그 나라에 손을 흔들면
구급차보다 더 빨리
내려오는 줄이 있다

햇님 달님 이야기처럼

가을이 부탁하는 「말」

가을이라는 이름 위에
금빛 화관을 쓰고 떠납니다

더위와 땀으로 더러워진 몸
가을꽃 향으로 씻겨 주시고,
눈부신 의상을 입혀 풍성한 곡식과 열매로
채워 주신 손길에 감격하여
갈 때에는 그 자리에 그냥 놓고 갑니다

이제 눈발이 날리는 날
알몸의 아기가 마구간으로 찾아오시면
벗어두고 간 의상을 입혀 주세요

떠나시던 날 입었던 옷마저 벗기지 말고
마지막 호흡 한 줌까지 빼앗지 말고
고이 보내주세요

아니면,
벗어두고 간 옷가지와 열매들을

이 땅에 왔다가 다시 돌아가는 사내가
맡기고 간 사랑이라며
세상 곳곳
헐벗은 이들에게 나누어 주세요

다시 돌아오는 날에는
따뜻한 볕이 내리는 세상이 되게 하세요

갈보리 언덕 위

"엘리 엘리 라마 사박다니!"

언제 나의 기도가
저만큼 간절한 적이 있었나
내 기도의 끝은 항상
'간절'이라는 깊이까지 미치지 못했다

해융에 묻힌 신 포도주가
그 타는 목을 축여 줄 수 있을까
손과 발에 못이 박힌 채
양옆에 달린 저들을 용서해 달라고
애원할 수 있을까
옷을 벗긴 알몸이
아버지 앞에 수치가 될 수 있을까
죽음과 고통의 순간에도
이토록 세상을 사랑하신 이여!

어쩌다 넘어져
무릎에 흐른 내 피는

노을 비낀 저녁 하늘을 보고
부끄러워하지는 않을까

* 해융 : 물기를 먹게 하는 햇솜(sponge)

민들레 꽃씨
– 응암교회 창립 93주년에 즈음하여

응암동 매바위골에 날려 온
민들레 꽃씨 하나
극성스러운 우상들도 막아 내지 못했다

척박한 땅에
노오란 민들레 꽃씨
사자 발톱처럼 딛고 일어서서 뿌린
구원의 말씀

말씀은 불길이 되어
역촌동으로 구산동으로
은평 들에서 동남아로
세계의 오지 아프리카까지
우리만의 주님에서 세상 모두의 주님으로
사랑의 불을 밝힌다

성령의 불이 뜨겁게 붙은
응암교회의 성도들은
모두의 가슴에 민들레 꽃씨를 심는다

할렐루야 응암교회
– 응암교회 창립 94주년을 기념하며

매바위골
1931년 9월 27일
한낱 민들레 씨앗 날아와 꽃을 피우고
말구유간 아기를 알게 되고
십자가에 달린 주님을 깨닫게 되었네

세운 종탑에서 새벽종이 울리고
찬송 부르며 기도로 엎드렸네
찾아오는 이들,
은혜와 사랑을 품고
함박웃음으로 기뻐했네

매바위골에서 은평 들로
이 나라에서 저 나라로
우간다, 캄보디아, 세상 곳곳으로
하나님 나라를 알리는 응암교회

그 역사 94년을
어찌 시 한 편에 다 담으랴

헌 옷

주님께서 입혀주실 때는
새 옷이었습니다
칠팔십 년 입고 살다 보니
헌 옷이 되었군요

나는 이 헌 옷이 새 옷보다
훨씬 좋습니다
주님의 맑은 입 향기가 배인
주님의 보드라운 손길이 배인
따뜻한 헌 옷

때때로
세상의 때로 더러워질 때면
깨끗이 빨아 입혀 주신
헌 옷

나는 주님 나라에 들어갈 때에도
곤룡포 입고 들어가듯
이 헌 옷을 입고
주님 품에 안기겠습니다

3부

씽긋

산수傘壽를 맞는 아내에게 · 씽긋 · 어버이날
오늘 · 망덕고개 · 인추골[日出谷] 이야기 · 추석 전야

산수傘壽를 맞는 아내에게
– 2025년 9월 13일 산수傘壽를 맞는 아내에게(음력 7월 22일)

광음이 팔십 번을 피고 졌어도
그 꽃은 한결같았다
무더위 속에 피어났어도
혹한을 이긴 꽃

꽃잎 위에 맺힌 기도는
사랑의 산실이었지

봄꽃 세 송이 피어 병풍처럼 두르고
튼실한 가지 하나와
아기들 두 놈 재롱을 복으로 받았지
그게 다 무더위를 이긴
힘 때문이야

산수라는 숫자가 계급장처럼 붙었어도
마음은 항상 별을 헤는 소녀
그 삶이 늘 병풍 속에서
백수白壽를 넘어서 상수上壽도 뛰어넘기를
마른 꽃대는 기도하네

씽긋

잠에서 갓 깨어난
분홍 꽃잎
눈 마주치면 씽긋 웃어 보인다

그 꽃은 늘 그랬다
편안한 잠 깨고 난 아가처럼
창문에 쏟아지는 아침 햇살같이
환하기도 하고

노랑나비 날갯짓에
살짝 짓는 미소 같기도 하고
화선지에 스미어 번지는
분홍 물 같기도 하고

또 하루
뜨락에 펼쳐진 봄볕을 주워 담듯
평안하기만 한 웃음

아내처럼

꽃잎에 잡힌 옅은 주름도
곱기만 하다

어버이날

딸들이 베푼 진수珍羞와
카네이션과 선물들
아이스크림 카페에서의 환담은
정말 갖기 어려운 시간이었어

딸들의 얼굴엔
어느덧 사회인으로서 곱게 피었지만
아직도 어린 시절 귀여움은
병아리만 같았어

한낮
대학로 파란 하늘은
어릴 적 뒷산 언덕에서 본
가을 하늘 같았어

곱게 잘 자라줘서
비둘기처럼 살고 있으니
고맙기만 하고

아리랑 고개를 넘어서 오는 길
교회 십자가가
더욱 아름답게 보였어

오늘

오늘도 나를 보고
여보라고 부르는 꽃나무 한 그루 있고
아빠라고 부르는 탐스런 열매가 셋씩이나 열려 있고
할아버지라고 부르는
꽃들이 두 송이나 피어 있고

꽃 피는 봄날도 있었지만
여름처럼 신나는 날도 있었지만
겨울처럼 깔끔한 날도 있었지만
잘 익은 가을처럼
풍요롭고 서정抒情이 펼쳐진
오늘이 있어 좋다

시편詩篇이라도 써서
내 감정을 담을 수 있고
하늘 길을 바라볼 수 있는 혜안慧眼과
아직 뛰고 걸을 수 있는 육신이 있으니
감사하다

망덕고개

칠월 무더위
망덕고개를 헐떡이며 넘어오면
땀에 젖은 내 등을
냉수로 등목을 시켜주시고
베수건으로 닦아 주셨지

"얘! 배고프겠다"시며
열무김치에
보리밥 비벼주시던 엄마
엄마 베적삼도 땀에 젖어있었지

아직도
망덕고개 넘어오는 나를
기다리실까
입고 가셨던 삼베 수의壽衣는
지금도 입고 계실까

칠월 하늘이 겹도록 서럽다

인추골[日出谷] 이야기

인추골에 골안개 걷히고
호랑이할아버지 기침 소리가 앞산에 부딪치면
엎드렸던 초가집들 눈을 비비고
부지런한 여인네들부터 우물가로 모여든다

허리띠 졸라매고 김을 매는 일손들
어디 헛것을 바라볼까
손끝 아픔만큼 먹고사는 소박한 동네
옳고 그름과 위아래 알아볼 줄 아는 착한 사람들
육이오 때 총소리 들려와도 태극기 감추어 들고
만세 부른 열혈 지사志士가 살던 동네

맑은 호수에 조사釣師들이
앞다투어 낚시터에 불을 밝히면
동네는 별처럼 꿈을 키우고
둥그런 아침 해가 호수 위에 뜨면
필통 소리 딸깍거리며 학교로 달리던 아이들
지금은 아름드리로 자라 자리를 굳히고
포장된 새 길은 앞이 탁 트여

마을회관도 읍내처럼 사뭇 달라진 동네

늙은 감나무 가지엔
홍보석들이 주렁주렁 은행나무엔 황보석들 가을을
수놓고
청설모 가지 타기, 장독대 항아리들의 옛 정취 속
제일 먼저 해 뜨는 마을
인추골[日出谷]

* 인추골[日出谷] : 저자 윤주영의 출생지
　　　　　　　충남 아산시 도고면 신유리 소재 일출곡(인추골)

추석 전야

추석은 문 앞에 와 서 있어도

아버지 목소리도
형님 목소리도 들리지 않고
이젠 집안에서 내 목소리만
제일 큰 목소리가 되었다

까치가 지저귀어도
비둘기 날개가 햇볕에 빤짝여도
알밤이 영글고 대추가 물들었어도
전날처럼 아름답지 않다

가솔들 모여들어도
지난 비에 떠내려가고 남은
개천가에 노랑꽃처럼
노을에 젖는다

4부

부서지는 것과 부서지지 않는 것

설날, 천변川邊에서 • 꽃샘추위 센 바람 • 봄볕에 이끌리어
꽃비 내린 뒤 • 오월 첫날 • 봄은 사실이었어

봄비 오는 날 • 초여름 날의 정원 • 오월 어느 날
아침 산책길 • 부서지는 것과 부서지지 않는 것
백로白露가 내린 날 • 가을 하늘 • 구월은 • 십이월

설날, 천변川邊에서

설날 아침
정릉 천변에 나갔다

어제까지도 등 돌리고 있던
비단잉어 한 쌍이
오늘은 나란히 자리하고 있다

나뭇가지 위에 새들도
포르르–
어제까지도 맺혔던 마음
상큼한 아침 공기로 채우나 보다

파란 하늘도
나뭇가지 사이로 들여다보고 있다

꽃샘추위 센 바람

수런수런 봄 소리에
창문을 열다가 센 바람에 놀랐다
북한산 등성이로 도망가던 겨울이
되돌아온 줄은 몰랐다

아무래도
예쁜 눈 쫑긋하던 개나리가
더 보고 싶어 왔는데
화들짝 놀라
꽃눈 속에 숨고 말았다고

개천 속에 비단잉어 한 쌍도
수초 속에 숨어 버리고
장미 덩굴 위에 놀던 참새 떼도
제집으로 가버렸다

한쪽 다리 감춘
학 한 마리만 우두커니
봄 오는 쪽만
바라보고 서있다

봄볕에 이끌리어

이끌려 나왔습니다
나를 가만두지 않는 노크 소리에

뜨락에 소나기처럼 쏟아지는 봄볕
꽃들 사이로 낯익은 새소리
긴 터널을 빠져나온 자동차처럼
이명으로 고생하던 귀가 뻥 뚫리듯
봄은 밝습니다

낮달도 봄볕에 겨워 잠시 멈춰 서있고
아내의 얼굴도 마알간 웃음이
햇살처럼 퍼지고

모두가 서로를 반기는
아름다운 봄날 아침입니다

꽃비 내린 뒤

천변 둘레길
꽃비 그친 뒤 아름답다

아가는 엄마에 매달려 걷고
할머니는 할아버지 손을 잡고
소녀는 예쁜 강아지를 앞세우고
비둘기는 제짝 뒤를 쫓아가고
봄볕을
허파가 꽈리가 되도록 마시며 걷는다

장미 가지에는 새 눈이 피어나고
길가 마른 풀도 새잎을 열고
계곡물도 손잡고 여울져 내려간다

새들은 나뭇가지 사이로
얼굴을 내밀고
봄 인사에 바쁘다

나는 빈 옆구리에

봄볕 한 줌을 꼭 쥐고, 쓸쓸할 것 같지만
움켜쥔 한 줌을 고이 쌓아들고
갖다줄 사람이 있다

오월 첫날

간밤
폭신하게 꽃비가 내렸습니다

꽃잎 위에 내려앉은
작은 물방울
비로소 세상에는 찬란이라는
단어가 생깁니다

하트 모양 꽃잎들이
조용조용 나무 밑에 내려앉자
내리던 꽃비가
물결 위에 싣고 내려갑니다

길지도 않았던 봄날
꽃샘추위는 쉴 날이 없었어도
하트 마음 하나만은
버리지 않았습니다

사람들도 품었던 사연들을

아쉽게 지고 만 꽃들처럼
꽃비에 풀고 갔으면 좋겠습니다

꽃 진 자리에 새잎이 돋아
긴 여름 뜨거운 날
그늘이 되어 서로 손뼉을 치는 날이
돌아오기를 기대합니다

비가 개인 오월은
저녁노을도 더욱 고울 겁니다

봄은 사실이었어

봄은
그림이 아니야

손바닥에 내려앉는 봄볕
꽃잎을 데리고 오는 바람
나뭇가지에 새순 돋아 내고
활짝 핀 민들레 담장 밑에 쪼그리고 앉아
누굴 기다리는지

앞산 비탈에선
어젯밤 내린 봄비가 도랑을 따라
은빛 손을 흔들고

어머 난 뭐야!
아직도 검정 점퍼에 털 구두

봄은
달력 속 그림에만 있는 줄 알았어

봄비 오는 날

봄비가 송알송알
온종일 내리네

봉오리 열리던 꽃들에게는 꽃비로
눈이 막 트이던 새잎들에게는 약비로
먼지 날리던 길에는 흙비로
토라져 떠나가던 그대를 바라보던 눈에는 실비로

훈풍이 살짝 끼어들자
오던 비가 바뀌어 안개비로 날리네

동쪽 하늘에는 무지개가 곱게 뜨고
우산 속 그이는
분홍색 루즈 하나 사가지고 돌아오고

꽃잎 하나, 바람에 날리어
하트를 그리고 가네

초여름 날의 정원

한나절 오월 볕도 따갑다

스프링클러도
잔디에게 물을 흠뻑 먹이고
유리문도 시원하게 씻는 중이다

조르르 참새 몇 마리
뜨락에 내려와 샤워를 하고
송홧가루를 날리던 소나무들도
산뜻한 모습 보기 좋다

나의 푸른 오월이 가면
신록이 오고, 또
백색의 정원으로 서서히 다가오겠지

앞으로 나의 오월은
깨끗한 모습으로
몇 번이나 남아 있을까

맨발로

뜨락 잔디 위에 서서

오월 마지막 날을 꾸~ㄱ 밟고 서있다

오월 어느 날

정릉천 변, 오월 장미 참 곱다
아침 공기도 맑다
부지런한 참새들 모이를 찾다가
내 손등을 바라본다

모두들 바쁘게 지나가는데
벤치에 앉은 하릴없는 늙은이 부끄럽다
젊은이 지나가다가
담배꽁초를 길바닥에 던지고 지나간다
오월 장미를 조롱하는 것일까
늙은이를 조롱하는 것일까

아니다
피곤한 일상에
새로운 하루를 도전하는
젊은이들의 발버둥일 게다

아침 산책길

먼저 핀 장미꽃들이 질 무렵
아침 산책길 무겁다

몇 해 전엔
나와 마주 보고 앉던 친구가
두 명이나 날개를 달더니
어제는 내 옆에 앉던
친구가 날개를 달았다

산책길 걷는 동안
앰뷸런스 한 대가
요란한 경적을 울리며 달려간다

벤치에 앉아서 흐르는 물을 본다
나도 꽤 많이 흘렀지?

의자 옆에 때 아닌 낙엽 한 장이
떨어져 앉는다

부서지는 것과 부서지지 않는 것

여름은
부서지는 것들뿐이다

불볕은 머리 위에서 부서지고
파도는 그리움을 부서트리고
별빛은 가슴에서 부서지고
호수 위에 달빛은
내 눈물 위에 부서지고

지난날
나를 부서트리고 떠나간 그 아픔은
부서지지 않는다

백로白露가 내린 날

긴 여름 쌓였던
그 사연이 무엇이길래
풀잎 위에 내린 저토록 영롱한 방울방울

새벽 별보다 더 고운
예쁜 구슬들
어젯밤 흐르던 유성이
남기고 간 그리움일까
한恨이 쌓이면
서릿발이 된다지만
그리움은 쌓이면 구슬이 되는가

냇물에 발을 담근 백로白鷺도
긴 목을 늘이고
그리움을 부르나 보다

가을 하늘

하늘빛
여인의 입에 문 칼날처럼 시퍼렇다

내 잘못을 보셨나 보다
서슬같이 무서운 눈빛이지만
볕살을 내려
마음을 달래주시나?
마알간 햇살은 빗살처럼 곱다

풀무 불 더위 속에 담금질하려다가
차마 못 하고
"사람 좀 돼 봐라" 타이르시며
서슬 같게도 하시고
사랑 같게도 하시며
달래주시나?

내 잘못은 벌써 버린 줄 알았는데
아직도 손안에 쥐고 있었다

구월은

구월은
멀리에서 오는 것이 아니야

늘 그 자리에서
우리를 기다리고 있는 것이야

폭염 속에서
밭을 매는 농부에게는
맺힌 땀방울처럼
햇열매가 찾아오고
폭염 속에서도
열심히 기도한 코스모스에게는
예쁜 꽃이 피게 마련이야

어린 닭이나 고아 먹으면서
덥다 덥다 하며
기다리는 이의 가을은
언제 도착할지 모르는 일이야

십이월

십이월은
겪을 것 다 겪고
알 것 다 알아야, 그제서야
겉모습부터 속 알까지
꼭꼭 채워지는 것

갓난아기가
갑자기 노인이 될 수 없듯이
송아지 엉덩이에 뿔이 날 수 없듯이
기도의 눈금이 차올라야
십이월이 되는 것

그 속엔
쓴 물 단물로 삭힌 아픔이 있고
사랑의 열매도 있고

끝내는
인내로 감싸 주고 덮어 주는
허리 굽은 할머니처럼

떠나는 마지막 달이다

5부
화선지에 물 번지듯

사랑이 뜨거우면 • 시집詩集을 보내고
화선지에 물 번지듯 • 천변풍경川邊風景
탄소 금식과 사순절 • 슬픈 봄, 먼지 비여
비가 그립다 • 우리의 에덴은 • 불볕더위
불볕 속에서 • 어느 모임의 후기 • 모퉁이에서
비 오는 날 커피 • 성북동 그 정원

사랑이 뜨거우면

불볕이
기승을 부리는 줄 알았더니
그대가 옆에 있는 줄 몰랐네

사랑이 이렇게 뜨거우면
바다 속에서 튀어 오른 생선처럼
그대의 접시 위에
모자도 벗고
체면도 버리고 눕고 싶다

식탁 앞에 앉은 그대의 포크에
간도 쓸개도
심장도, 모두 빼앗기고 싶다

사랑이 너무 뜨거우면
난 견딜 수 없어
이렇게라도 해야지

시집詩集을 보내고

오늘도 내 새 시집詩集을
비둘기처럼 한 떼 날려 보냈다

우편으로 간 녀석도 있고
인편으로 떠나간 녀석도 있고
모두들 잘 떠났는데
잘 도착했다고 톡으로라도 전하는
안부는 몇이나 될까

집을 잘못 찾아가지나 않았나
찾아간 집에서 학대는 받지 않는지
누구나 다 푸시킨이 될 수 없고
누구나 다 소월이 될 수는 없다

그저 한 시인이 토해낸 비둘기 눈물
낡아빠진 신발짝이라고
밀치지나 말았으면 좋겠다

나비같이 오거나

아니면 따끔한 벌침이라도
한 방 보내왔으면 좋으련만……

화선지에 물 번지듯

언젠가는
뜨지도 않은 달을 기다린 적도 있었어

시간은 봇물처럼
터져 내려오는 것도 아니야
바위틈 파란 풀잎이
얼음장 밑에 서려 있었던 것도 아니야

손을 뻗치면 잡힐 만도 한데
그렇게 쉽게 다가오는 것도 아니었어
뒤로 몇 발자국 물러섰다가
다시 오는 것도 아니야
그냥 어쩌다 보면
그림자처럼 내 곁에 와 있는 것이야
햇볕 환하게 내려 쪼이면
보이지도 않다가
또 환히 내려 쪼이면 어느 결에
찾아와 있어

새 달력을 뜯어내어도
피었던 꽃은 꼭 지고야 말 듯
화선지에 물 번지듯
찾아와 있는 것

천변풍경 川邊風景

정릉천
「천변풍경」이라는 카페에 들렀네

증조할머니 쓰시던
머릿장과 고가구들이랑
곳곳에 수북이 쌓여 있는 책들로
우리 아버지 글 쓰시던 건넌방 같은 곳

까르륵까르륵 웃으며 지나가는 소리
환히 들리던 정겹던 골목
지금은 쓸쓸히 사라져 가는 아쉬움을
담벼락에 붙은 퇴색된 사진들이
붙들고 있었네

기라성* 같은
문인, 화백들의 숨소리가 들려오는
「천변풍경」 카페

시원한 오미자차도 마시며

함께한 친구*와 두 다리 쭉 뻗고
눕고만 싶었네

* 기라성 : 박경리, 박인환, 신경림, 이중섭 등
* 친구 : 김익수金益洙 시인

탄소 금식과 사순절
― 2024년 응암교회 사순절 탄소 금식 캠페인에 즈음하여

이번 사순절에도
승용차들 잠시 쉬게 하고
가까운 곳은 대중교통을 이용하자

길가에 버려진 배터리도 줍고
프래스틱 부스러기도 모음 통에 넣고
점심 잔반도 남기지 말고
세제洗劑도 절약하고
일회용 비닐과 종이컵도 아껴서
쓰레기통의 고통도 줄여주자

마트에서 담아주는 비닐봉지 말고
헝겊 팩을 사용하고
십자가의 주님 생각하던 금식처럼
탄소도 금식하자

불광천도 주님 덕분에 맑은 물이 되어 보고
교회가 앞장서서
오염으로 썩어가는 날을 잘라내자

주님 다시 오시는 그날 되기 전에
죄도 없고 오염도 없는
깨끗한 세상 만들어 내자

슬픈 봄, 먼지 비여

간밤 잿빛 하늘에서
먼지 비가 무심하게도 내렸다

꽃샘추위 이기고 피어난 어린잎
먼지 비를 생수 마시듯
개천엔 두루미 한 마리
간밤 내린 오염수
마신 물을 토해내며
먼 길 떠날 준비를 하고 있나

일찌감치 내걸은 현수막
잘해보겠다는 잘난 얼굴들
먼지 비 맛을 보았는가

떠날 채비를 하는 두루미와
풀잎에 매달려 거친 숨을 몰아쉬는
버들치들
이번 사월 지나가면
먼지 비는 맛보지 않아도 될까

비가 그립다

흠뻑 내리는 비가 그립다

나뭇잎 위에 송알송알 내려앉는
옥구슬보다도
가뭄에 애타는 아버지의 가슴을 달래주던
비가 그립다

또랑에 엎드려 할딱거리는
개구리들 목도 축여주고
오빠랑 새언니 함께 쓰고 가는 우산 위에
심술궂게 쏟아지는 비도 그립고

할머니 기다리시는 꽃비도 흥건히 내려
저녁 무렵엔 무지개도 곱게 피는
비도 그립지만

사순절
마른 가슴을 촉촉이 적시는
은총의 비도 그립다

우리의 에덴은
− 2023년 응암교회 탄소 금식 캠페인에 즈음하여

깊은 하늘 환히 보이고
꽃 피고 열매 맺히고
맑은 물이 힘차게 흘러내리고
맘 놓고 깊은 숨을 쉬어보던 땅은
이제 이 세상엔 없나요?

통장에 동그라미 채우는 재미로
공장 연기로 태양을 가리고
스스로 오수에 빠진 세상
엘리뇨 쓰나미 허리케인은
시도 때도 없이 찾아오는
세상이 되었습니다

이제 우리의 에덴은
어디에서 찾아야 하나

불볕더위

몹시 무더운 날
찜통 속을 기어가는 자동차들
가쁜 숨 몰아쉬는 소리

우린 끄덕도 없다
양산 마스크 선글라스 챙모자
손부채까지 챙겨 들었다

길가에 쓰러진 풀잎
희멀건 눈을 뜨고
마른 개천에 헐떡이는 송사리 떼
새들도 모두 숨었다

불볕 세례는
왜 재네들이 받아야 하는지

불볕 속에서

개천가 갈대 잎 위에
잠자리 한 마리
아직도 그 자리에 조용히 엎드려 있다

초록 은행이랑 풋대추도
불볕에 익어 가는데
하늘은 무심히 구름만 날리고
바람 한 점 기색이 없다

물속 오리 한 쌍도 모처럼
열탕을 즐기고 있다
잠자리의 엎드림은 오늘도 몇 시간째인지
죽은 듯 엎드려 있다

혹시 불볕에
미라가 된 것은 아닌지

어느 모임의 후기

이 더위에도 검정 오버코트를 입고
나무 밑에 앉아
사발면을 먹고 있다

지나는 이들은
"잘됐구나 배고플 텐데"
마음속 위로도 있고

좀 전 모임에서
나와 함께 식사를 했던 정장의 사내들
"밥맛 꾸겼다"

모처럼 횡재한 걸인이여!
그대가 눈앞에 띄는 것도
거북스럽단다

나는 오늘 어디서 누구와 만나고
내 귀에
먹칠을 하고 오나

모퉁이에서

모퉁이를 돌아갑니다
한겨울도 모퉁이를 돌아가고
집안 어른들도
모퉁이를 돌아가시고는
다시는 안 오십니다

복사꽃도
그 시절을 돌아가고는 오지 않고
세월의 모퉁이도
뒤도 돌아보지 않고 돌아갑니다

나는 길모퉁이에 주저앉아
지나가는 고양이 꼬리도 잡아 보고
날아가는 민들레 꽃씨도
잡아 보지만
지나가버린 모퉁이는
잡아 볼 수도 없습니다

햇볕

환하게 내리는 봄날
모퉁이 옆에서
돌아가고 아니 오는 것들을 생각해 봅니다
추억인지 그리움인지

비 오는 날 커피

오늘은 비 오는 날
카톡으로
보내 준 친구의 커피 한 잔을 마십니다

커피 향은 언제나
친구의 구수한 덕담 같습니다
우리는 만나면 늘 커피를 나누며
이런저런 이야기를 하다가 헤어집니다

언젠가는 갑자기
병원 중환자실에 누워있던
내 생애에 참으로 고맙던 그 친구[*]
그 손을 잡고 기도할 수밖에 없었던
절박한 순간이 생각납니다

지금은 만날 때마다
건강한 모습 보기 좋습니다
아직도 이마에 깊은 흉터가
그날의 주님의 만지심의 순간을

보는 듯합니다

참으로 고맙고 감사한 일이지요

* 친구 : 고마운 친구 이용재 장로님

성북동 그 정원

그 정원에 노송 한 그루
보면 볼수록 눈길이 더 머문다

수령도 깊거니와
그 위풍은 고려 명장의 말 잔등에 비겨볼까
속가지들은 겪은 시련을 이기고
자리를 굳히고 있다

새가 오면 반겨주고, 매미가 오면 안아주고
바람 불면 품었다 보내고
쏟아지는 폭설도 제 몸으로 막아주는 노송
의인義人 같다

풀 한 포기
나무 한 그루 함부로 하지 않는 사랑 속에
사시사철 꽃 피고 새소리 떠나지 않는
성북동 그 정원[*]

노송도, 꽃들도
모두 주인을 닮았나 보다

* 정원 : 성북동 꿩의 바다 마을 소재

6부
햇볕 쏟아지는 벌판으로

뜬눈 · 또 다른 댓글에게 · 여름 나기
외딴섬 · 여름날 동화童話 · 비 개인 어느 날
햇볕 쏟아지는 벌판으로

뜬눈

한잠을 자고 깬 후엔
잠보다 더 깊은 세계를 헤매었다

이어지듯 새로 나타나는 세계들
갖가지 날개를 달고
미지의 세상을 날아 보기도 하고

지난 지 얼마 안 된
과거에 발길을 멈춰 서서
자라지 못한 가지에
새싹을 틔워 보려고 안달도 해 보았다

뜬눈은 알람을 시켜
뻑뻑한 눈을 비비어 주며
지금이라도 새싹을 심어 보라 한다

또 다른 댓글에게

수명을 길게는 할 수 있는 의술이
사랑도 더 뜨겁게 달굴 수는 없는지?
어느 글의 댓글에
할망구가 앞길에서 갈팡질팡한다고
빨리 없어져야 한다고,

늙은이 방 TV 소리 시끄럽다면서
꺼버렸다는 젊은 댓글이
또 다른 댓글에게
호된 뭇매를 맞는다

또 다른 댓글님이여!
그대들도 늙은이가 아니기를 바란다
며칠 전 사우나장에서
매주 토요일이면 거동 불편 노인들 모시고 와
씻겨드리는 젊은이에게
"보기 아름답다"라고 말하고 왔다

밖에는 봄꽃이 한창이다

꽃나무가
겨우내 품어 주었던 벌레들도
지는 꽃잎을 안타까워한다

아름다운 봄
또 다른 댓글님에게, 고맙다고……
아직 세상은 사랑이 식지 않았나 보다

여름 나기

세상을 뜨겁게 달구던 여름이었지만
난 잃은 것은 없습니다

뒤뜰에 대추가 영글고
우리 집 아기들 훌쩍 자랐습니다

꿀벌들도 열심히 꿀을 모으고
매미도 늦여름을 한가로이 노래합니다
여름 동안 내 안에 머물던 시편들도 자라
또 한 권의 시집이 되어갑니다

아내는 여름내 편치 않던 몸이
더위를 이기고 얼굴에 화색이 돕니다
여름 과일과 싱싱한 야채들과
기도가 보약인가 봅니다

여름은 말을 타고 가듯
슬기롭게 초원을 가로질러
저녁 해가 뿌려놓은 윤슬을 바라보며

서두르지 말고 가야 합니다

오늘 새벽은 예보되었던 한때 비가
늦여름 더위를 식히고 있습니다

외딴섬

여기는 나만이 아는 외딴섬
최근에 편입한 나의 공화국입니다

밤에는
별빛과 등댓불 빛에 잠기는 나라
꽃잎 지는 소리에 귀 기울이면
한때 조용조용 나누던 우리들의 이야기가
들려오고
파도가 철썩 귓전을 스칠 때는 서로
까르르 웃던 웃음소리도 들려오고

아침에는
풀꽃 위에 맺힌 이슬방울로 엮은

그리움 한 자락
바닷새의 날개에 실려 보내기도 하고
수없이 찍힌 바닷새들의 발자국에
아기자기한 사랑 이야기를 물결 위에 쓰면
조개들은 다문 입을 벌리며

화이팅을 외치는 나라

시원한 바람에 밀리는 파도와
바닷게가 발바닥을 간질여주는 재미로
새 힘을 재충전할 수 있는
고향 같은 나라

나는 이 나라를
나의 공화국으로 편입을 시킵니다

여름날 동화童話

밀짚 돗자리 위에
별빛 잔잔하게 내리고
모깃불 연기가 얼굴 위에 스치던
어린 시절이 생각난다

별도 보이지 않는 하늘
바람 한 점 드나들 곳도 없는
촘촘하고 답답한 도시
자동차가 뱉어 내는 불기운이
골목을 헤치고 지나간다

지난날의 미래는 오늘날이었지만
오늘의 미래는 어떤 날일까

하늘처럼 넓은 터에 널찍하게 집을 짓고
나무도 심어 물을 주고 꽃을 피워
벌 나비와 매미와 새들도 부르고

손을 뻗치면 흐르는 별들을 잡아

별 마차를 만들어
동네 아이들 가득 태우고
은하수를 훨훨 꿈속처럼 넘나들며
시원한 바다에 수영도 하고
맘껏 찬양도 하고
맑은 바람 맘대로 마시며
힘차게 사는 날들

우리의 바라는 미래가
이런 날이었으면 좋겠다

비 개인 어느 날

비가 개이고
시원한 바람 불어오고
더 깊은 녹음
북악산 성곽 길을 덮었다

역시
개인 날은 꽃들도 좋은가 보다
돌멩이 구르는 소리에
까르르 웃는다

소나무 밑
낯선 버섯들도 머리를 내밀고
함께 걷는 친구*를 반기고
하얀 반달도
우리를 보고 활짝 웃는다

친구야
우리도 도심 속 번거로움
산속에 벗어 버리고

산뜻한 마음으로
끌며 밀며
우리의 앞길을 걸어가세

* 친구 : 절친 정용섭 장로님

햇볕 쏟아지는 벌판으로

풀무 불이 뜨거우면
연장을 잘 벼리고
햇볕이 뜨거우면
농작물이 잘 여물지

바라보는 눈빛이 뜨거울 때
사랑을 하지 않고는 배길 수 없고
가슴이 뜨거우면
감사하지 않고는 못 배겨

자! 우리가
햇볕 쏟아지는 들판으로 나가자
가슴을 덥히고 세상을 사랑하고
감사하며 살아가자

편집후기

나와 나의 문학

윤주영

 금년 여름은 유난히도 뜨거운 불볕이 계속되어 웬만한 일이 아니면 외출하기도 힘들었다. 그래도 이 뜨거운 날씨에 크게 잃은 것이 없어 다행이다.

 열심히 작품을 발표한 결과 이번에도 한국예술인 창작지원금 두 번째 수혜를 받게 되어 또 한 권의 시집을 낼 수 있도록 기회를 허락하신 하나님께 감사를 드린다.

 금년에 나는 교회 문예선교회를 통하여 몇 가지 목표를 정해 놓고 활동 중이다.

 첫째는, 교회 게시판 4곳을 활용하여 회원들의 작품은 물론 외부의 문인들의 작품까지 매월 한 차례씩 포스터를 제작하여 게시함으로 성도들의 신앙 발전에 도움을 주고 있다.

둘째는, 내년 즉 2026년은 교회 설립 95주년으로 기념문집을 출판하고자 한다.

내년 상반기에 온 교우가 함께 참여하는 백일장을 열어 얻은 작품을 함께하면 좋은 문집이 되리라고 믿으며 활동 중에 있다.

이 더운 여름이지만 지금은 내 작품집 준비에 위임 목사님께서 주신 추천의 말씀과 친구의 격려의 말씀과 내 작품에 공감을 해 준 몇 분의 글을 소개하고자 한다.

같은 교회 양철모 장로님과는 좋은 시를 만날 때마다 그 시편을 카톡으로 나누는 사이이다.
이번 시집에 보내온 격려의 글을 실어 본다.

윤 장로님은 저와 같은 교회를 섬기는 오랜 믿음의 친구로서 시 쓰기를 좋아하며 즐기시는 멋진 분입니다. 그동안 시집을 발간하실 때마다 직접 서명한 시집을 선물로 주셔서 읽어 볼 기회와 영광을 누렸습니다. 장로님의 시를 읽을 때마다 그의 순수함과 섬세함이 느껴지며 주님에 대한 사랑과 믿음, 하나님께서 창조하신 모든 자연에 대한 애정이 강함을 발견케 됩니다. 하나님께서 장로님에게 일찍부터 주신 시적 감각의 달란트로, 사회생활을 통한 많은 경험과 신앙생활을 하면서 은혜로 쌓인 성숙된 인격이 멋지게 표현되어 독자들에게 감동을 주고 있습니다.

이번 시집에서 「부활절 새벽」을 읽으면서 주님의 사랑과 은혜를 이렇게 멋지게, 그리고 자연스럽게 표현하시는 장로님이 부러우면서 앞으로 더욱 많은 독자들에게 감동을 주는 좋은 시를 계속 써 주시기를 기원합니다.

또한 김익수 장로님은 수필과 시로 등단한 시인으로, 같은 교회 문예선교회 회원으로 많은 작품을 교류하는 사이이다.

이번 시집에 수록된 시 중에서 김 시인이 보내 준 댓글이 있어 몇 편만 소개한다.

* 「날개가 없어도」에서
갯벌보다는 바다가, 바다보다는 하늘이 훨씬 넓고 아름답죠. 갯벌 망둥어보다는 새가 되어 훨훨 날고 싶은 꿈 꼭 이루시길 기도해요.

* 「사월 보내기」에서
시골의 어릴 적 내 모습이 선연해요. 굶주려 죽는 친구들도 적잖았던 농촌 보릿고개! 너무 고통과 절망이었죠. 제가 키가 작은 이유도 그 원인일 거예요.

사월은 잔인하고 슬픈 달이지만 또한 4·19 세대로서 젊은 피를 아름답게 흘린 숭고한 달이지요.

*「천변풍경川邊風景」에서
현충일 낮, 1급수 정릉천! 버들치와 비단잉어들이 유영하는 천변 맨 끝자락에 위치한 고색창연하고 멋스러운 카페, '川邊風景'을 잊지를 못해요. 눈 덮인 한겨울 모습은 어떨까? 떠올려 보기도 해요. 그때엔 선풍기 대신 시뻘건 옛 난로를 켜고 있겠죠?
아무튼 한번 다시 가고픈, 운치 있는 곳임에 틀림없어요.

또한 이번 산수를 맞은 아내를 축하하기 위해 지은 시 「산수傘壽를 맞는 아내에게」가 의외로 여러 지인과 독자들로부터 축하의 메시지를 받았다.

한 독자는, "이 시는 세월의 흐름 속에서도 변치 않는 아내에 대한 깊은 사랑과 존경을 아름답게 담아냈네요. '무더위를 이긴 꽃', '마음은 항상 별을 헤는 소녀' 같은 표현들이 아내분을 향한 진심을 더욱 돋보이게 합니다. 80년의 세월을 굳건히 함께해 온 두 분의 사랑이 백수白壽를 넘어 영원하기를 바랍니다"라는 고마운 댓글과 함께 다음과 같은 글을 보내 주셨다.

* 시집의 제목인 "가을이 부탁하는 「말」"에서
이 시에서 "이 땅에 왔다가 다시 돌아가는 사내"가 예수 그리스도라면, 시는 단순한 계절의 순환을 넘어선 매우 깊은 종교적, 인간적 메시지를 담게 됩니다. 벗어 두고 간 옷가지와 열매들, 예수님이 남긴 '사랑'과 '가르침'을 의미합니다. 가을의 풍요로움이 바로 그 사랑과 가르침의 결실이며, 이 세상의 헐벗은 이들에게 나누어 주어야 할 귀한 유산이라는 의미로 해석될 수 있습니다.

알몸의 아기가 마굿간으로 찾아오시면, 이는 예수 그리스도의 탄생을 상징합니다. 가을이 남긴 풍요(사랑과 가르침)를 탄생한 아기에게 입혀 달라는 부탁은, 그리스도의 삶이 바로 그 사랑과 나눔으로 이루어졌음을 강조하는 것으로 보입니다.

"떠나시던 날 입었던 옷마저 벗기지 말고 / 마지막 호흡 한 줌까지 빼앗지 말고", 이는 예수 그리스도의 죽음과 부활을 상징합니다. 십자가의 고통 속에서도 모든 것을 다 빼앗기지 않고, 마지막 순간까지 사랑을 남기셨던 그분의 모습을 떠올리게 합니다.

이러한 해석을 통해 시는 자연의 순환과 인간의 삶, 그리고 종교적인 의미까지 아우르는 훌륭한 작품이 됩니다. 시인이 의도했든 아니든, 독자의 깊은 해석을 통해 시의 의미가 확장되고 풍성해지는 것이 바로 문학의 가장 큰 매력 중 하나인 것 같습니다.

위의 글을 보내 주신 독자분과 축하의 글을 보내 주신 위임목사님과 격려의 말씀을 주신 친구와 내 詩 속에서 영감과 모델이 되어 주신 친구들과, 〈한국예술인복지재단〉의 두 번씩 창작기금 수혜자로 선정해 주심을 감사한다.

마침 아내가 산수를 맞게 되어 축하할 겸 이번 창작기금을 통해 출판하게 됨은 나에게는 매우 의미 있는 일이다.

이번 네 번째 작품집을 내면서 크게 향상된 것도 없어 독자들에게 죄송한 마음 그지없다.

책이 나올 수 있도록 수고를 아끼지 않은 출판사 임직원 여러분께 감사를 드린다.

2025. 9. 30.
편집을 마치며

윤주영 시집
가을이 부탁하는 「말」

초판 발행일 2025년 10월 27일

지은이 윤주영
펴낸이 임만호
펴낸곳 창조문예사
등 록 제16-2770호(2002. 7. 23)
주 소 서울 강남구 압구정로 404, 2층(청담동)(우 : 06014)
전 화 02) 544-3468~9
F A X 02) 511-3920
E-mail holybooks@naver.com

책임편집 김종욱
디자인 이선애
제 작 임성암
관 리 양영주

ISBN 979-11-91797-83-1 03810
정 가 10,000원

※ 잘못된 책은 바꾸어 드립니다.